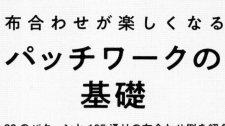

布合わせが楽しくなる

パッチワークの
基礎

36 のパターンと 105 通りの布合わせ例を紹介
型紙の引き方やピーシングの基礎も詳しく解説

岡野栄子

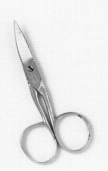

日本文芸社

contents

四角形のパターン

三角形のパターン

表紙
パターン：オールドミスのパズル
ピンクッション：ナインパッチ、ログキャビン、
　　　　　　　　レモンスター、ハウス（作り方は p.95）

p.1
パターン：ログキャビン

はじめに

私がパッチワークと呼べるようなものを作ったのは、10歳のときです。
初めて作ったのは、ウール地で作った四角つなぎ（フォーパッチ）の座
布団カバーでした。見慣れた2枚のウール地が、魔法にかかったように
別物に生まれ変わった感動は今でも覚えています。

以来、数え切れない程の布を切ってはつなぐをくり返してきましたが、
少しも飽きないのはなぜでしょう？　それは1枚の布でも、組み合わせ
る布によってさまざまに変化し、その都度新しい発見があるからです。

この本を通じて、初めての方はもちろん、すでにパッチワークを始めて
いる方にも、パターンで楽しむ布合わせのおもしろさを見つけていただ
けたら嬉しいです。

そして、私が10歳のときに出合った「魔法の四角つなぎ」にあなたも
出合えたとしたら幸いに思います。

岡野栄子

本書について

- 本書はアメリカンパッチワークのトラディショナルパターンから
  セレクトした 36 のパターンを用い、布合わせの楽しさを紹介し
  た本です。初心者の方には布合わせの教科書として、経験者の方
  には布合わせの復習やアイデア集として楽しんでいただけたら嬉
  しいです。

- 各パターンは、製図を参照し型紙を作って布を裁ち、縫い合わせ
  順を示した図に沿って、なるべく小さいピースからまとめて縫い
  つないでください。

- 製図中のアルファベットは型紙の種類を示しています。

- 布合わせ見本の正方形のパターンは、でき上がりサイズが 20 ×
  20cmです。正方形以外のパターン、また正方形でもこのサイズ以
  外の場合のみ、各ページに別途サイズを表記しています。

- パッチワーク初心者の方は、6 ～ 23 ページまでのパッチワーク
  の基本を参考にしてください。

道具のこと

パッチワークに必要な
基本の道具を紹介します。

1 アイロンとアイロン台
布のシワのばしや、形を整えるのに使用する。作業ごとにアイロンをかけるときれいに仕上がる。

2 縫い針、まち針、ピンクッション
縫い針はピーシング用針、まち針は頭が小さく針先が細いものを用意。

3 指ぬき
縫うときに指につけておくことで、針を押すときの負担が軽減され、指を保護する。

4 縫い糸
ポリエステル100%のピーシング用糸を使用。白または生成りが使い勝手がよく便利。

5 厚手画用紙
型紙に使用する。くり返しの使用にも丈夫で、はさみでカットしやすい厚さのものを用意する。

6 三角定規
型紙を製図する際に使用する。直角を描くときに便利。

7 定規
型紙を製図する際に使用する文具用の定規。

8 パッチワーク定規
縫い代の線を引くときに便利な0.7cm、1cmなどの線が入っているパッチワーク用の定規。

9 パッチワークボード
片面にサンドペーパーがついていて、もう片面がアイロン台になっている。サンドペーパー面は布に印つけをするときに使用すると布がずれない。

10 文具用はさみ
型紙をカットするときに使用する。布用のはさみとは分けて使用すること。

11 裁ちばさみ
布をカットするときに使用する。自身の手の大きさに合わせた、よく切れるものを用意する。

12 糸切りばさみ
細かいところも切りやすい、刃先が細く、よく切れるものを用意する。

13 コンパス
定規と併せて型紙の製図に使用する。使い方次第で、角度や辺を等分することができる。

14 鉛筆
型紙の製図、布への印つけなどに使用する。よく削ったものを用意する。

15 印つけペン
布の印つけに使用する。時間経過で消えるペンタイプと、消しゴムで消えるシャープペンシルタイプを用意。

16 文具用のり
アップリケ布を土台布に仮どめするとき、薄くのばして使用する。

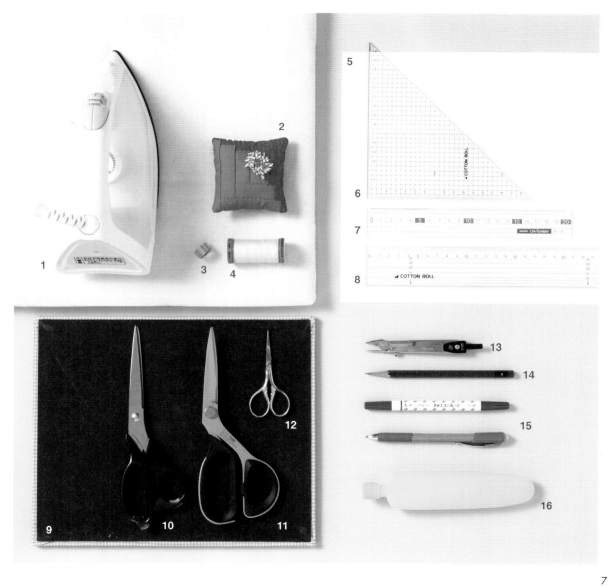

素材のこと

**パッチワークに使う布の選び方のポイントを、
実際の布を例に挙げて紹介します。**

布選びのポイント

好きな布の自由な組み合わせはパッチワークの醍醐味ですが、使いやすい布、使いにくい布があるのも事実です。布合わせが苦手な人は、持っている布を見直してみると、布合わせがスムーズに、楽しくなることがあります。また初めての人はどんな布を用意したらいいのか迷いますよね。そこで、布合わせが楽しくなる、布選びのポイントを3つ紹介します。

柄より、
色を優先して選ぶ

一枚の布として好きな柄でも、縫い合わせてみると、必ずしもそれがパッチワークで生きる柄とは限りません。絵を描くときの絵の具と同じような感覚で、柄で選ばず、色で選ぶように心がけるのが大切です。

情報量の多い布は
避ける

何柄かわかりにくい、また、たくさんの色が混ざっているなど、情報量の多すぎる布は、全体の色合いを濁らせるので避けましょう。一目見て、何柄かわかるものを選ぶことが、パターンをすっきりさせるコツです。

脇役は
しっかりと揃える

メインに使いたい布ばかりを選びがちですが、パッチワークでは脇役になる布こそ重要です。小柄や主張の強くない柄などは、脇役として活躍してくれます。また脇役選びに迷ったら、12色のクレヨンのようなクリアな色合いの無地布がおすすめです。

布選びレッスン

— — — ○ — — — ○ — — — ○ — — —

基本的には使えない布はありませんが、中には極端に厚地だったり、凹凸があったり、薄くて扱いにくかったりなど、実際に縫うことを考えると、パッチワークに適さない素材もあります。ここでは、実際の布を参考にして布選びをしてみましょう。

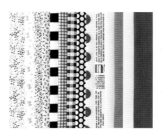

重宝する布

無地布はもちろん、シンプルな小柄は無地感覚で使えるため、とても便利。また、ストライプ、チェック、水玉、英字柄などの王道の柄は、ポップな雰囲気を出してくれる。

主張の強い大柄

インパクトのある大柄は主役として使えるだけでなく、入れるだけでおもしろさが出る。また切り取る場所によっても大きく印象を変えられる。

思いがけない布

レース地など単色でも織りに変化があるもの、キャラクタープリントやフルーツプリントなど色合いのはっきりしたものは、思いがけず、スパイス的な役割を果たしてくれる。

服やスカーフなどの布

自分の身の回りにある布にも目を向けてみる。古着やスカーフの中にこそ、おもしろい柄がたくさんある。張りのない素材や繊細な素材は、裏に接着芯を貼ることで縫いにくさをカバーできる。

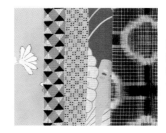

ちりめん、絣などの和布

ちりめん、絣、芭蕉布、絽、紗など日本の布もパッチワーク素材として優秀。染め・織りの表情の豊かさに加え、趣ある色合いが、布合わせに奥行きを出してくれる。裏に接着芯を貼って使用するのがおすすめ。

ヴィンテージの布

とっておきの素材としておすすめなのが、ヴィンテージの布。主役としての存在感は抜群で、シンプルな布と合わせるだけでも素敵な雰囲気になる。

接着芯の貼り方

布の裏にひと回り小さく裁った接着芯を、のり面が合わさるように重ねる。上からドライアイロンをあて、しっかり接着させる。アイロンは滑らせずに、位置を移動させながら全体にあてる。接着芯を貼った後に型紙を写してパーツにカットする。

布合わせのこと

パッチワークの布合わせのポイントと、「ナインパッチ」のパターンを例に布合わせのコツを紹介します。

布合わせのポイント

パッチワークは、ざまざまな布の組み合わせでパターンのおもしろさが引き出されます。使いやすい布を選び、作りたいパターンが決まったら、布合わせを始めてみましょう。パッチワークが初めての方、布合わせが苦手な方は、いくつかのポイントを押さえて布合わせをしてみてください。布合わせはコツさえつかめば、必ず楽しくなります。

point.1 →

2色、または
3色からスタート

初めての方は好きな色の布を最初に1色選び、その色に合う2色か3色の組み合わせからスタートするのがおすすめ。好きな色の布になら、相性のいい色や合わせると心地いい色がわかると思います。どうしても迷ったときは、万能な無地や生成りを合わせれば全体にまとまります。

point.2 →

定番の柄は
救世主

チェック、ストライプ、水玉などの定番の柄は、どんな柄とも相性抜群、布合わせの救世主です。幾何学の線や形が加わることで、パターンのおもしろさが引き出され、動きが出ます。布合わせに迷ったときは、これらの布を入れるとバランスを整えてくれ、しっくりとまとまります。

point.3 →

布合わせは
自然をお手本にする

色の組み合わせが上手くいかない場合は、自然の色をお手本にするのがおすすめです。好きな植物、食べ物、景色などの自然を参考に布合わせをしてみてください。身近なところに素敵な色の組み合わせがあったりするものです。

布合わせレッスン

布合わせのポイントを参考にしながら、実際に「ナインパッチ」のパターンで布合わせをしてみましょう。2色からスタートし、少しずつ変化を加えることで同じパターンでも違うパターンのようなバリエーションが生まれます。

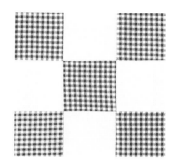

step.1

2色の布合わせで構成する

好みの2色を選んで組み合わせたナインパッチ。ベースを白にして、無地感覚で使える細かな青×白のチェックを掛け合わせた。ベーシックな色合わせだが、洗練されすっきりとした印象。

step.2

中心にアクセントを添える

中心のピースに印象的な中柄の花柄を配した。可憐な印象の中心のピースに目がいくが、白地に描かれた花柄なので、ほかのピースとも自然と馴染む。

step.3

ベースに変化をつける

ベースの白の1ピースを、同じ白ベースの花柄に置き換えた。シンプルな布合わせでも、ベースを1ピース替えただけで、動きが加わり奥行きが生まれた。

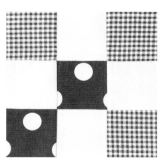

step.4

定番柄の組み合わせで遊ぶ

柄部分の2ピースを、同じ青×白の色合わせの水玉に変換。定番の柄同士の組み合わせは相性もよく、アンバランスな遊びのある配置にしたことでポップな印象になった。

step.5

もう1色加えて印象を変える

柄部分の2ピースを、同じチェックでも色やデザインの異なる柄に変換。デザイン違いのチェックでまとめると、ちぐはぐな印象にはならず、確実にまとまるので初心者にもおすすめの布合わせ。

型紙と製図のこと

さまざまな場合の型紙の描き方についてと、
製図する際の基本的な図形の描き方、
線や角度の等分割の仕方を紹介します。

型紙のこと

正方形の中に描かれたパターンを作りたい場合、型紙は自分が作りたいサイズで正方形を描き、パターンの製図を参照しながら、その正方形を分割して製図し、それを切り離して型紙にします。型紙が1つだけで成立しているパターン（ワンパッチ）の場合は、1つだけ型紙を作ります。いくつかの形のくり返しで成立しているパターンの場合は、くり返し部分の1セットだけ型紙を作ります。

型紙の描き方1（正方形のパターンの場合）

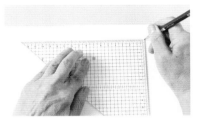

1 はじめに正方形を描く。鉛筆と三角定規を使い、三角定規の直角部分をなぞって画用紙に2辺を描く。

2 画用紙の上下の向きを変え、**1**で描いた直線に三角定規の縦線を合わせ、横に線を引く。

3 **1**と**2**の線を結び、正方形の完成。この正方形を製図を見ながら分割して、それを切り離して正方形のパターンの型紙の完成。

型紙の描き方2

画用紙に型紙を描き、その各ピースに合番号を書き込む。同じ形のピースがいくつもある場合は1つのピースだけに合番号を入れ、反転する形のピースには片側だけにダッシュを記しておく。もう1枚同様の型紙を作るか、型紙のコピーを取っておく。各ピースに型紙を切り離し、型紙の完成。

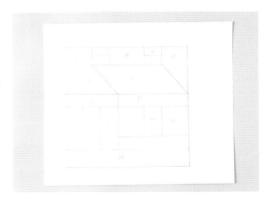

型紙の描き方 3（カーブのパターンの場合）

1 定規と鉛筆を使って画用紙に正方形を描き、コンパスを使ってカーブを描く。

2 カーブに対して垂直な線を引くように定規を 2 点の角に合わせ、カーブに交わる対角線を引く。これがピースを合わせるときの合印になる。

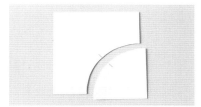

3 型紙をカットし、カーブ部分も切り離す。カーブのパターンの型紙が完成。

型紙の描き方 4（アップリケのパターンの場合）

1 定規と鉛筆を使い、画用紙に土台の型紙を描く。

2 土台の下の線の中心から、コンパスを使いアップリケの型紙のカーブを描く。

3 2 と同じ位置からもう 1 本、コンパスを使いアップリケの型紙のカーブを描く。

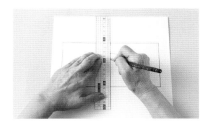

4 土台の上下の中心に定規をあて、土台とアップリケの中心の 4 カ所に線を引く。

5 土台とアップリケの型紙の両方に通る線が描けた。これがアップリケ部分を合わせるときの合印になる。

6 土台の型紙をカットし、アップリケ部分も切り離し、アップリケ部分の型紙が完成。

製図のこと

製図は、各パターンの製図を参照して、作りたいサイズを当てはめて分割の数字を算出して行います。ワンパッチのものは下の図形の描き方を参考に型紙を製図します。端数の線の等分割や、分度器がない場合の角度の等分割は、右ページを参照します。ここに掲載の項目は図形の基本で、本書で扱っている以外のパターンの製図でも役立つので覚えておくと便利です。

図形の描き方1（正方形の描き方）

1

直角を描くため、基準となる直線を引く。少し長めに引き、余分は後で消すとよい。

2

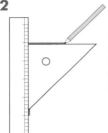

○

定規の位置はそのままに、三角定規の直角部分を定規にあて、横の線を引く。

3

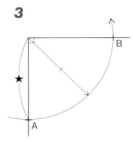

作りたい正方形の一辺の長さ（★）で、直角を中心にして弧を描く。

4

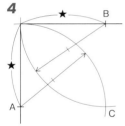

円弧との辺の交点ABから、それぞれ同じ長さ（★）で円弧を描き、その交点をCとする。

5

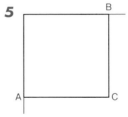

AとC、BとCをそれぞれ結べば正方形の完成。

図形の描き方2（正三角形の描き方）

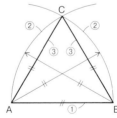

作りたい三角形の一辺の長さABを描き（①）、同じ長さでABそれぞれの点から弧を引く（②）。その交点CとABを結べば（③）、正三角形の完成。

図形の描き方3（正六角形の描き方）

1

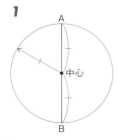

作りたい正六角形の一辺の長さを半径とし、円を描く。円の中心を通る直線を引く。円と直線の交点をABとする。

2

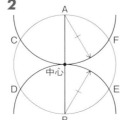

交点ABからそれぞれ、1の円と同じ半径で弧を描く。1の円との交点をそれぞれCDEFとする。

3

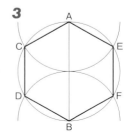

1の円との交点をAからC、D、B、F、Eの順に線で結べば正六角形の完成。

図形の描き方4（円弧の描き方）

1

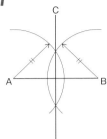

描きたい円弧の幅をABとし、線を引く。ABの半分より少し長い適当な長さで、ABそれぞれから弧を描き、その交点を結ぶ。ABに対して垂直な線がCDとなる。

2

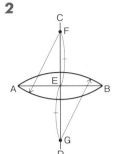

ABとCDの交点をEとし、初めにCDの線上の任意の点（F）からABを通る円弧を描く。Eから反対側の同じ長さの場所（G）からも同様に円弧を描く。

3

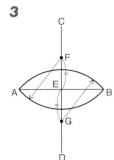

EF、EGの長さを短くすると膨らんだカーブになり、長くするとつぶれたカーブになる。

線の等分割の仕方

直線の場合

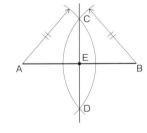

円弧の場合

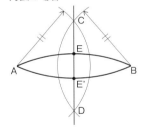

ABの直線や円弧を等分する場合、ABの半分より少し長い適当な長さで、ABそれぞれから弧を描き、その交点CDを結ぶ。ABとCDの交点E（E'）が等分された点となる。

角度の等分割の仕方

2等分の場合

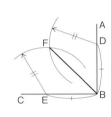

ABCの角度を2等分する場合、AB、BCの線上のBから等しい長さをDEとする。DEそれぞれから、適当な長さで弧を描き、その交点FとBを結べば、角度が2等分される。

4等分の場合

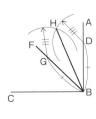

2等分した後、それをさらに2等分する。DGそれぞれから、適当な長さで弧を描き、その交点HとBを結べば、2等分される。BC側も同様にすれば、角度が4等分になる。

3等分の場合

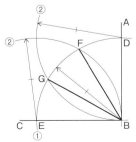

Bから適当な長さで弧を描く（①）。AB、BCの交点DEそれぞれからも同じ長さで弧を描き（②）、交点FGとBをそれぞれ結べば、角度が3等分になる。

6等分の場合

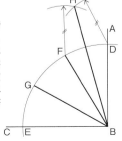

3等分した後、それをさらに2等分する。DFから適当な長さで弧を描き、交点HとBを結ぶ。FGEも同様にすれば、角度が6等分になる。

15

基本の縫い方

「フォーパッチ」のパターン（p.26）を使い、
端から端までを縫う、基本的なピースの縫い合わせ方を紹介します。

「フォーパッチ」

1 パッチワークボードのサンドペーパー面に布の裏を上にして置き、型紙を重ねる（左）。鉛筆で4つの角に点で印をつける（右）。

2 型紙を外し、定規を使って印をつけた点同士を結び、四角形を描く。

3 パッチワーク定規の0.7cmのラインに合わせて、四角形の周りに0.7cmの縫い代をつける。

4 縫い代の線でカットする。同様にして、ほかの3枚もカットする。

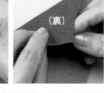

5 色違いの2枚を中表に合わせて、まち針を打つ。裏側の角に針を刺し（左）、もう1枚の裏側の角に針を出す（右）。

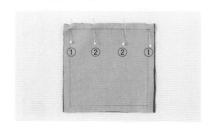

6 反対側の角（①）、その間に等間隔でまち針を打つ（②）。

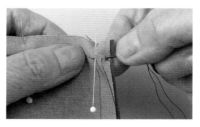

7 糸端に玉結びをして、1本取りで印の外側の縫い代から縫い始める。1針すくい、同じ縫い目に針を戻す（1針返し縫い）。

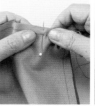

8 印をつけた線の上を細かい針目で縫う。

9 印の外側の縫い代まで縫う（左）。縫い終わりも1針返し縫いをする（右）。

10 親指と人さし指を使い、縫い始めから縫い終わりの方向へ縫い目が寄ってできたしわをのばし、縫い目をならす（糸こき）。

1針返し縫い　　　1針返し縫い

11 玉どめをして糸を切り、縫い終わり。

12 縫い目から縫い代を片側に折り、折り目をつける。

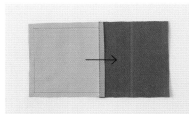

13 2枚を開く。縫い代は布の色が濃いほう（または強調したい布のほう）に倒す。

14 同様にしてもう2枚も縫い合わせる。

①　③　③　②　③　③　①

15 縫い合わせた2枚を中表に合わせて、①〜③の順にまち針を打つ。

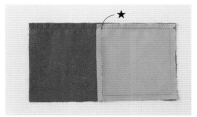

★

16 縫い始めと縫い終わりに1針返し縫いをし、細かい針目で縫う。間の縫い代（★）は避けずに一緒に縫う。

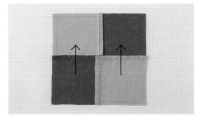

17 12、13と同様に縫い代を折って片側に倒し、フォーパッチの完成。

17

縫いどまりの縫い方

「ボウタイ」のパターン（p.90）を例に、
印から印までを縫う、縫いどまりの縫い合わせ方を紹介します。

「ボウタイ」

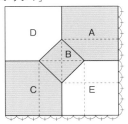

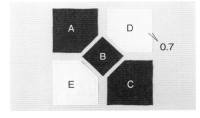

1 布の裏に型紙を写し、周りに0.7cmの縫い代をつけて各ピースをカットする。

2 AとBを中表に合わせ、まち針を打つ。

3 糸端に玉結びをして、1本取りで印の角から針を入れて1針返し縫いをする。

4 印の線を細かい針目で縫い進め、反対側の印の角まで縫ったら、1針返し縫いをする。

5 玉止めをして糸を切る。AとBを印から印まで縫い合わせた。

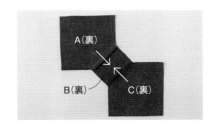

6 Cも同様にして印から印まで縫い合わせる。AもCも縫い代はB側に倒しておく。

7 BとDを中表に合わせてまち針を打つ（上）。B側は縫い代を避けてすくう（下）。

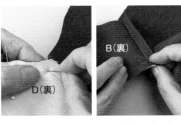

8 Dの印の角に針を刺し（左）、縫い代を避けてBの印の角に針を出す（右）。

9 反対側の印の角まで縫う。縫い終わりも縫い代は避けて縫う。

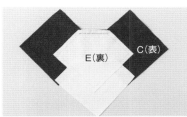

10 Eも同様にして、Bに中表で合わせ、印から印までを縫う。

11 CとEを中表に合わせて、縫い代を避けて①〜③の順にまち針を打つ。

12 Cの印の角に針を刺し（左）、Eの印の角に針を出す（右）。

13 反対側の印の外側の縫い代まで縫い、最後は1針返し縫いをする。

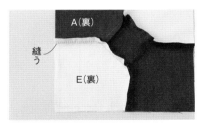

14 AとEも同様にして縫う。

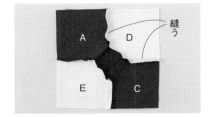

15 AとD、CとDも同様に縫って、ボウタイの完成。

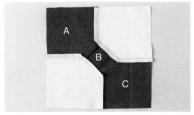

16 縫い代はABCのピース側に倒す。

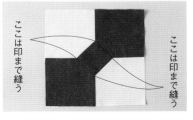

17 このパターンのように、3つのピースが隣り合う場合は、縫い代まで縫い切らずに、印（縫いどまり）までを縫い、ピースをつなぐ。

19

カーブの縫い方

「汚れた窓」のパターン（p.68）の一部を例に、カーブ部分の縫い方を紹介します。

「汚れた窓」の一部

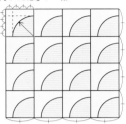

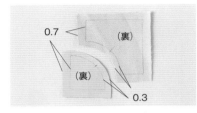

1 布の裏に型紙を写す。カーブ部分はしっかりと合印を打ち、カーブ部分に0.3cm、そのほかに0.7cmの縫い代をつけてピースをカットする。

2 2枚を中表に合わせ、印の角と合印にまち針を打つ。

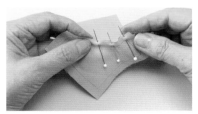

3 印の角と合印の間にまち針を打つ。カーブの距離が長い場合は、その距離の中間、さらにその中間と割っていき、等間隔にまち針を打つ。

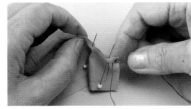

4 印の外側の縫い代から1針返し縫いをして縫い始める。

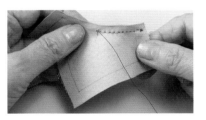

5 細かい針目で合印までを縫う。糸と針は一旦そのまま休ませる。

6 反対側の印の角にまち針を打ち（①）、さらに合印との間にまち針を打つ（②）。

7 休ませておいた糸と針で、印の外側の縫い代まで細かい針目で縫う。最後は1針返し縫いをする。

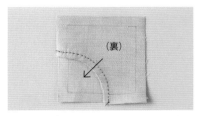

8 カーブの縫い合わせの完成。縫い代は内側に倒す。

アップリケの縫い方

「バスケット」のパターン（p.86）の一部を例に、アップリケの縫い方を紹介します。

「バスケット」の一部

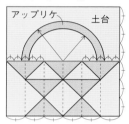

1 パッチワークボードのサンドペーパー面に、型紙を写した土台布を裏を上にして置く。時間経過で消えるタイプの印つけペンで、表に写すように4つの角に点をつける。

2 布を表に返し、**1**の点に合わせてカーブをカットした型紙を重ねる。**1**と同じペンで、カーブ部分と合印を描き写す。

3 土台布にアップリケのつけ位置を描き写した。

4 アップリケ布をサンドペーパー面に表を上にして置き、アップリケの型紙を重ねる。型紙は布がバイアスになるように置き、輪郭を描き写す。

5 合印もしっかりと描き写し、周りに0.5cmの縫い代をつけてカットする。

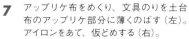

6 土台布の表にアップリケ布の表を上にして重ね、合印を合わせてまち針でとめる。

7 アップリケ布をめくり、文具のりを土台布のアップリケ部分に薄くのばす（左）。アイロンをあて、仮どめする（右）。

8 アップリケの外側のカーブの端から3〜4cmのところまで、縫い代を線に沿って折り込む。

21

9 アップリケ布を奥たてまつり（下図参照）で縫いつける。土台布の裏から針を刺し、アップリケ布の線のきわに針を出す。

10 針を出したすぐ脇に針を刺し、線のきわに針を出す。

11 同様にしてまつり、**8**で縫い代を折ったところまでまつったら、その先はアップリケ布を押さえながら針先で縫い代を折り込む。

12 針先で縫い代を折り込んでまつるのをくり返し、アップリケの外側のカーブが縫えた。

13 内側のカーブの端から3〜4cmの縫い代に切り込みを入れる。

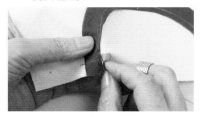

14 カーブの線に沿って針先で縫い代を折り込み、奥たてまつりで縫う。

15 折ったところまでまつったら、また縫い代に切り込みを入れて折り込んでまつり、端まで進める。

16 端までまつり、アップリケの完成。

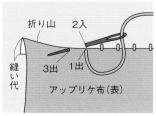

奥たてまつり

折り山　2入
縫い代　3出　1出
アップリケ布（表）

縫い代のこと

縫いものをするとどうしても気になってしまうのが縫い代の始末です。ここでは、パッチワークにおける縫い代の基本的なポイントを紹介します。

縫い代は強調したいピース側（または濃い色の布側）に倒す。

縫い代同士はなるべく重ならないように交互に倒す。

縫い合わせ方や布の厚さでどうしてもきれいに倒れない場合は、気にせずに倒れる側に倒す。

縫い代レッスン

目立たせたい布側に倒すと、必然的に交互に倒れ、すっきりと収まる。

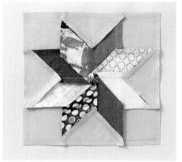

ピースが集合し、縫い代が集まるパターンの場合は、縫い代を風車状に倒す。

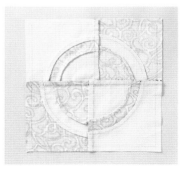

カーブは内側に倒すほうが倒しやすいが、縫い代の重なりを優先して交互に倒すなど臨機応変に。

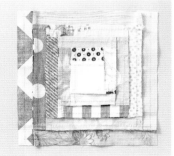

内側から順に縫い進めるパターンは、外側に倒しながら縫っていくときれい。

23

01 ナインパッチ
Nine Patch

9枚の四角形を縫いつなぐナインパッチは、パッチワークの基本ともいえるパターン。シンプルでも9枚の布合わせは奥深く、ポイントの置き方でまったく印象を変えることができます。

製図

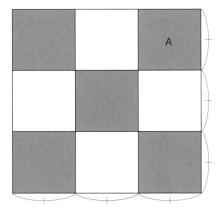

縫い合わせ図

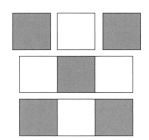

メインに2種類の花柄を配し、土台にペールピンクの無地と英字入りの飛び柄を合わせました。甘くなりがちな花柄は、英字を少量加えることできりっと引き締まった印象になります。

印象的な赤は、柄がのぞく程度に型取りをするのがポイント。中柄の英字プリントは無地感覚で使い、残りは2枚と調和する布をセレクトします。

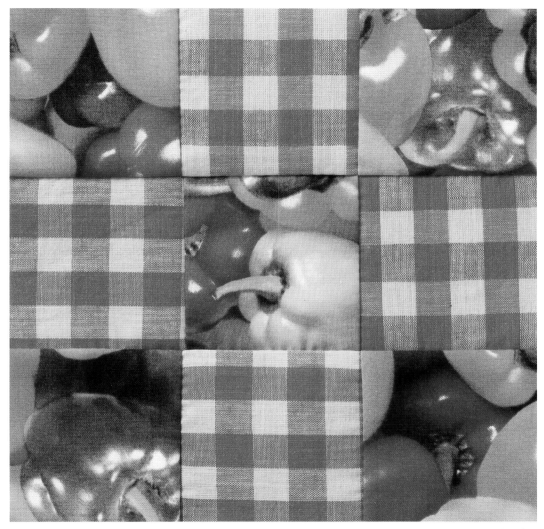

個性的な野菜柄とチェックを組み合わせたナインパッチ。メインに個性の強い柄を用いる場合は、規則的で安定感のあるベーシックな柄のとの組み合わせできっちりとまとめます。

02 フォーパッチ
Four Patch

四角形 4 枚をつなぐフォーパッチ。ピース 1 枚ずつの面積が広く、また枚数も少ないため、選んだ布の印象が強く反映されるパターンです。厳選したシンプルな布合わせがおすすめです。

製図

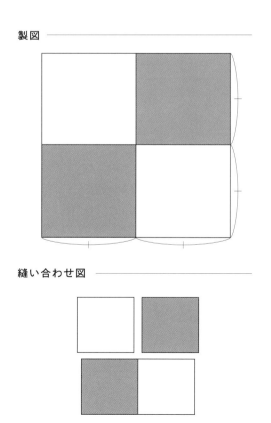

縫い合わせ図

赤×白のチェックとストライプの 2 種類を合わせたフォーパッチ。直線のみのベーシック柄だけの布合わせでも、回転させて配置することで洗練されたシャープな印象になります。

大小の水玉を組み合わせたフォーパッ
チ。マルチカラーの水玉をメインに、
小さな水玉は無地感覚で土台として使
用します。印象の異なる布も水玉とい
う共通項ですっきりまとまります。

大きなくだもの柄をメインに、茶色ベー
スの布を合わせました。くだものはあ
えて中心に配置せずに端が切れるよう
に配置することで、色を強調して、柄
としての印象を弱めました。

03 ナインパッチの鎖
Nine Patch Chain

ナインパッチを展開させ、ピースの中にさらにナインパッチを配した
ナインパッチの鎖。アメリカのトラディショナルパターンでは、同じ
形が斜めに連なるとき、この「鎖」という表現がよく使われます。

製図

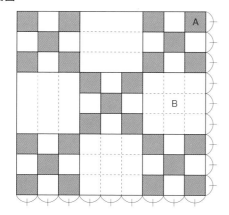

縫い合わせ図

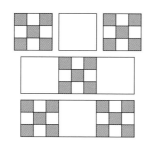

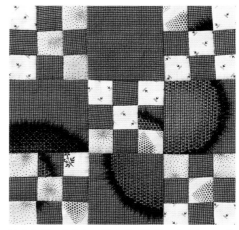

渋みの効いた黄色×黒の絣が主役の布合わせ。絣
の風合いはクリアな色との調和が難しく、無地感
覚で使用できる小柄を合わせるのがおすすめです。

紫と白の無地を使用した潔い色合わせのナイン
パッチの鎖。無地同士は形を美しく見せ、斜めに
連なる紫の小さな四角形を白が引き立てます。

花柄、植物柄にグリーンの無地と爽やかな布合わせ。赤のバランスと花柄の取り方がポイントで、中央に置かずに分量を抑え、少しのぞく程度にします。

04 ペンシルバニア
Pennsylvania

ナインパッチの四隅をフォーパッチに分割した、ナインパッチの展開パターン。パッチワークとのつながりが深い州の名前に由来していて、四角形が四方に広がっていくような美しいパターンです。

製図

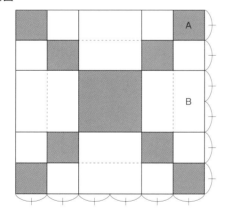

縫い合わせ図

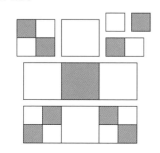

和布の水玉を主役に、赤の無地、無地感覚で使える細かな水玉を合わせました。ポップな配色は和の素材感を足すだけで、とっておきの表情が生まれます。

個性的な柄とそれに負けない強いオレンジ色の配色。柄布はきっちりさせずランダムに配置したことで、レトロな色合わせが洗練された印象になります。

コントラストの強い布合わせではなく、あえて似たトーンの２種類を合わせたパターン。繊細な植物柄同士の組み合わせは、大人っぽい雰囲気に仕上がります。

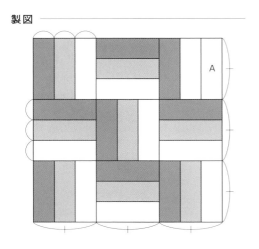

四角形の パターン

05 レールフェンス
Rail Fence

3つの長方形を並べて縦横に配したパターン。レールフェンスとは、住宅などに使われる仕切り柵のこと。布合わせによってジグザグの模様が浮かび上がるおもしろいパターンです。

製図 ────

縫い合わせ図 ────

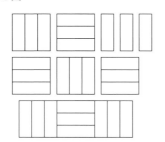

チェック2種類をメインにした布合わせ。無地感覚で使えるフルーツ柄、飛び柄を合わせました。チェックの足りない部分は、はいで使い、そこもアクセントに。

織りの表情が印象的な赤に、赤×白の
ストライプ、光沢のあるベージュの布
合わせ。アクセントにストライプの方
向を1か所だけ変え、動きを出しました。

青の無地、花柄、英字プリント、水玉
を規則的に配置した布合わせ。英字プ
リントは、ランダムな配置で全体に変
則的な動きをつけました。

06 ローマの縞
Roman Stripe

美しい縞を縦6分割、横7分割で表現したパターン。アメリカの都市名や村の名前など地名の入ったパターンは多く見られますが、このパターンのように外国の都市名なども多用されています。

製図

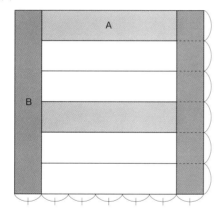

縫い合わせ図

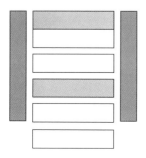

ユニークな印象のパッケージ柄をメインに、水玉、グリーンを合わせたパターン。小さな水玉は個性的な柄との相性もよく、使い勝手のいい柄です。

ポップな布合わせで構成したパターン。両脇に同じポップな印象の柄を合わせつつ、コントラストの強い黒地にすることで全体が引き締まります。

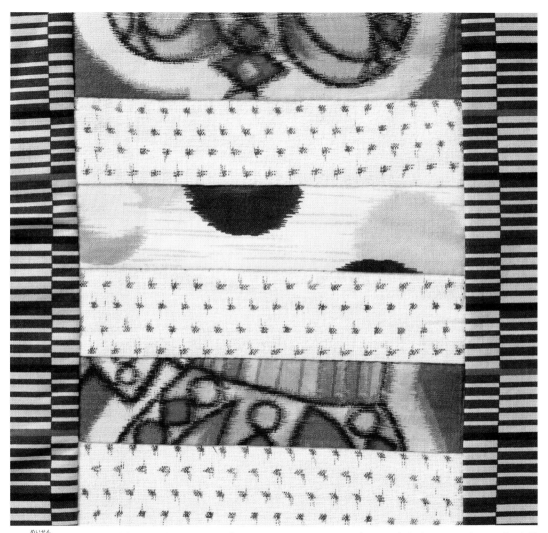

絣、銘仙などの和布で構成した布合わせ。シンプルなラインのパターンは、渋めの配色もすっきりと和風モダンな雰囲気にしてくれます。

07 ログキャビン
Log Cabin

「丸太小屋」を意味するログキャビンのパターン。実際に丸太が組まれている様子を表現するように、中心からぐるぐると縫いつないでいきます。中心は暖炉を意味し、赤を合わせることが多い。シンプルながら複雑に見える形は奥深く、根強い人気のあるパターンです。

製図

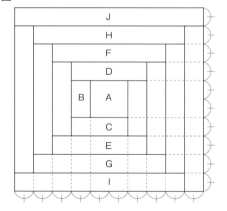

縫い合わせ図

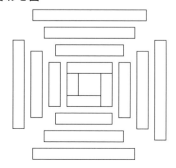

ログキャビンのパターンで、右上と左下で配色を分けたものを「明暗」といいます。右上にチェック、左下に水玉の組み合わせが涼しげな印象のログキャビンの明暗。

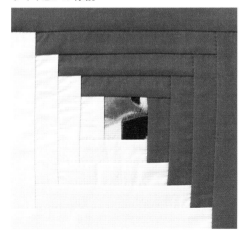

赤と白の無地で表現したログキャビンの明暗。シンプルな組み合わせのアクセントには、印象の強い銘仙を中心に配しました。

水玉、花柄、ストライプ、和布など、残り布を自由にはいだパッチワークらしい布合わせ。これだけ多様な柄がきれいにまとまるのは、ログキャビンならでは。

08 裁判所の階段
Courthouse Steps

ログキャビンの派生系パターン。中心の入り口に向かい段々に続く
階段を表現しています。中心から左右、上下をくり返して縫いつない
でいきます。配色によってさまざまな形が浮かび上がるのが魅力です。

製図

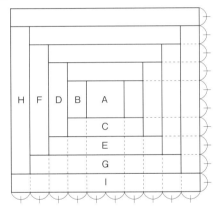

縫い合わせ図

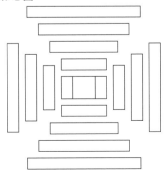

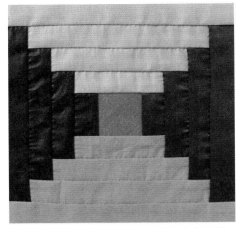

中心に赤、4方向にそれぞれ4種類の無地を配し
た裁判所の階段。シンプルなパターンの美しさが
浮かび上がるこの配色は、何枚か作ってつなげる
のもおすすめです。

爽やかなミントブルーを中心に、上下に花柄、左
右にストライプを配した裁判所の階段。ストライ
プは1ピースだけ方向を変えてアクセントに。

中心から1周ずつ、4種類の布でぐるりと囲んでいった布合わせ。中心は鮮やかな赤、周りは個性的な柄を合わせました。間に配した青の無地が、赤と柄布とのつなぎ役になっています。

09 永遠の木
Tree Everlasting

ナインパッチの分割をさらに三角形だけで表現したパターン。三角形2枚が組み合わさって正方形となり構成されているため、三角形1枚だけのワンパッチですが、四角つなぎのよさも楽しめるパターンです。

製図

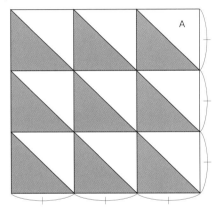

縫い合わせ図

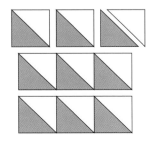

王道のストライプと水玉の組み合わせで表現した、三角形のワンパッチパターン。ベーシック柄の規則的で硬い印象は、ストライプをランダムに配置することで少し和らぎます。

ストライプがミックスされたオリーブ柄にこっくりとした赤を組み合わせたパターン。ストライプは方向を不規則にして、動きを出しました。

焦げ茶、オレンジ色、レンガ色の同系色で構成した布合わせ。渋めの配色も白地が多いため重たくなりません。暖かみのある素材で全体を柔らかな印象にしました。

10 丘と谷
Hill and Valley

三角形の大中小と3枚の大きさのピースを組み合わせたパターン。三角形だけで、丘と谷というアメリカの大自然らしい風景を表現しています。

製図

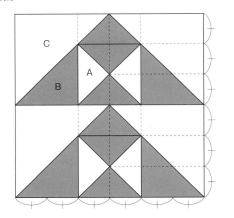

縫い合わせ図

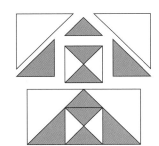

紫の無地をメインに、周りには無地感覚で使用できる淡い花柄を配しました。おとなしい組み合わせに対比するように、外側にはビビッドなタイル柄を合わせています。

個性的な布をメインにしたパターン。
丸や曲線が入った動きのある柄を集め
て、全体をまとめました。黒の無地を
少量入れることで引き締まった印象に。

グレーの無地にレトロな花柄、無地感
覚で使えるデッサン柄を合わせたパ
ターン。軽快なタッチのデッサン柄の
動きが加わり、全体が軽やかになりま
した。

11 カードトリック
Card Trick

配色の妙で4枚のカードが交互に重なるように見えるパターン。外側
はナインパッチと同じ分割ですが、大小2サイズの三角形のみで表現
されているユニークなパターンです。

製図

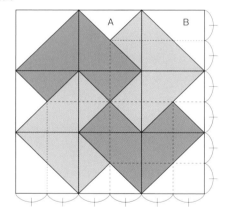

縫い合わせ図

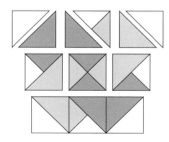

コントラストが強すぎない4種類でカードのピー
スを表現し、水玉を合わせました。水玉がアクセ
ントとなり、賑やかな印象がプラスされました。

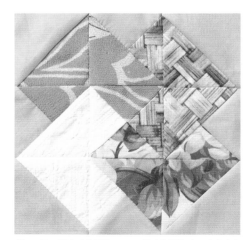

ヴィンテージ布（右下）、レース地（左下）、ちりめん（左
上）、カゴ目柄（右上）の4種類でカードを表現。周
りはどの布とも調和する黄色の無地を合わせました。

淡い色（右下）から始まり、無地感覚の布（左下）、無地（左上）、濃い色（右上）の4種類で構成したパターン。
周りの優しい色味は、4種類のどの布とも調和が取れています。

12 回転ドア
Turn-style

大小の三角形2枚で、回転するドアを俯瞰して表したパターン。クルクルと回転するような動きが、2種類の三角形だけで軽やかに表現された楽しいパターンです。

製図

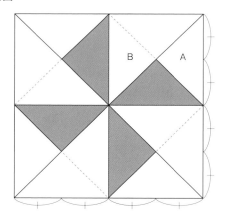

縫い合わせ図

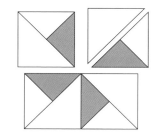

メインの小さな三角形は4種類の異なる布を合わせ、周りは淡いトーンで統一。1枚だけベーシックなストライプを入れることで、整然とした雰囲気がプラスされました。

ベースの茶色の水玉をメインにした布
合わせ。水玉と合うトーンをドア部分
のピースにし、ベースの2枚だけ水玉
と同じ茶系の別布にして動きを出しま
した。

鮮やかなドアのピースと、淡いベース
のピースをバランスよく配した布合わ
せ。鮮やかさと淡さのコントラストが、
シンプルな三角形のラインを強調して
見せてくれます。

13 サウザンドピラミッド
Thousand Pyramid

縦3分割、横5分割で生まれた三角形で、幾重にも連なる美しい山々を表現したパターン。二等辺三角形が交互に組み合わさり、バランスのよい形を作り出しています。

製図

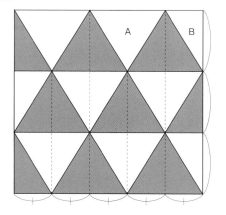

縫い合わせ図

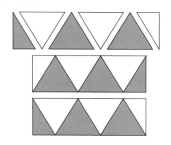

ストライプ、ちりめん、チェックなど赤を基調とした布をメインに、光沢のあるベージュの無地をベースに組み合わせました。素材感の違う布を組み合わせるのがポイントです。

メインとベース全部を違う布で組み合わせたパターン。全体のトーンを揃えつつ、隣り合う布の配色が似ないように組み合わせました。

花柄、水玉、チェックなど、ベーシックな柄を組み合わせたパターン。黄色い布のように、同じ布でも方向を変えて柄取りすることで、印象に変化をつけることができます。

14 三角と四角
Triangle and Square

三角形に囲まれた正方形4枚から構成されるパターン。2枚のピースでできたシンプルなデザインで、三角形と四角形の形がしっかりと浮き出るため、少ない種類の布だけでも十分楽しめるパターンです。

製図

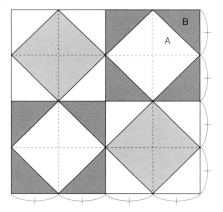

縫い合わせ図

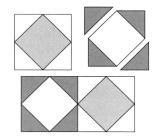

主張の強い花柄に爽やかなコバルトグリーンの無地を合わせたパターン。中心の1枚だけを違う花柄にしたことが、程よいアクセントになりました。

渋めの紫系2種類と可愛い黄色の植物柄1種類を組み合わせたパターン。渋みと可愛さの分量を半分にすることで、バランスよくまとまっています。

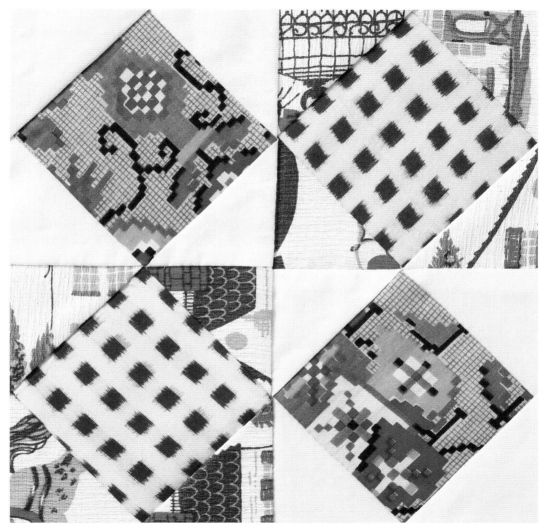

個性的な柄3種類に、万能な生成りの無地を組み合わせたパターン。色のトーンを揃えることで、主張の強い布同士でもしっくりとまとまります。

15 チェッカーボード
Checkerboard

四角形で市松模様を表現し、チェスの基盤の目を模したパターン。
模様を作り出すパターンは、配色の仕方次第で、バリエーション豊か
な表現ができるため人気です。

製図

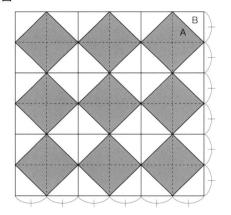

縫い合わせ図

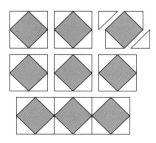

爽やかで可憐な青×白の組み合わせのパターン。バ
ランスよく入った花心の黄色がポイントです。1枚
だけ入った青の無地が、全体を引き締めてくれます。

キャラクタープリントをメインに、同じトーンの配色
で合わせました。キャラクター柄は、きっちりと柄
取りせず使うのが、子供っぽくならないポイントです。

オレンジ色をメインに、補色の青を合わせました。どんな布とも馴染みやすいグレーの無地をベースにして、英字プリントが程よいアクセントになっています。無地が主役の一枚です。

16 オールドミスのパズル
Old Maid's Puzzle

一見、不規則に見えて実は規則的に並んでいる大小の三角形が美しいパターン。布合わせが楽しくなる奥深いデザインが人気です。また、ユニークなネーミングからは、アメリカの多種多様な文化が伺えます。

製図

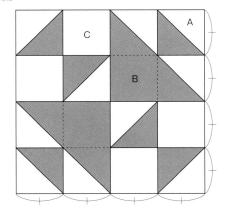

縫い合わせ図

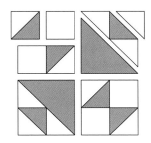

北欧風の花柄をメインにシンプルに青の無地を合わせました。黄色の部分が多く入りすぎないように、バランスよく柄取りするのがポイントです。

茶色、オレンジ色などの暖色に無地感覚で使える青の小柄を合わせました。面積の大きい2ピースに強い柄を配し、英字プリントをアクセントに。

3種類の布だけで構成したパターン。大きい花柄を大小どちらのピースにも使うときは、どこを切り取るかで印象が大きく変わるので、全体を意識しながら布を裁つのが重要です。

17 シューフライ
Shoo Fly

直訳すると「うるさいハエ」という意味になる、ユニークな名前のパターン。上下左右対称の整然とした形は、ピースの面積が広いため、布合わせの面白さが引き出されるパターンです。

製図

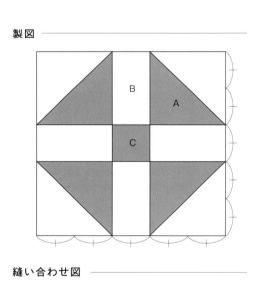

縫い合わせ図

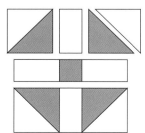

鮮やかな赤の水玉に光沢のある青を組み合わせたパターン。お互いを引き立て合う鮮明な布合わせは、2種類の布だけでも十分インパクトのある印象に仕上がります。

ちりめんの変わり縞にハワイアン柄を
組み合わせたパターン。どちらにも共通
して赤が入っているため、不思議な組み
合わせでもしっくりとまとまります。

水玉に無地2色を合わせたシンプルな
布合わせ。補色の赤と緑の組み合わせ
に少量の紫をプラスし、モダンな印象
に仕上げました。

18 レモンスター
Lemon Star

たくさんある星をデザインしたパターンの原点ともいわれる「レモンスター」。8枚の正菱形が中心で合わさって美しい八角星を作っています。星のデザインの中でも人気のパターンです。

8種類の布を組み合わせたレモンスター。半分程、無地を入れることですっきりとした印象にまとまります。足りない布も、はぎ合わせて使えば、アクセントになって素敵です。

製図

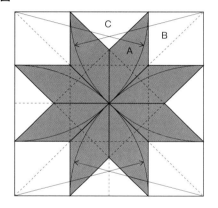

縫い合わせ図

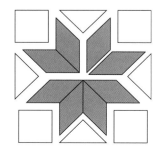

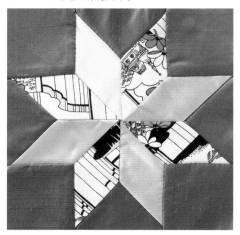

ブラウスをカットした布をメインに、光沢のある無地を組み合わせました。質感の楽しい布を合わせれば、シンプルな柄合わせもモダンな印象に。

緑の無地と黒×黄色の銘仙で構成されたレモンスター。背景は落ち着いた雰囲気のフルーツ柄を合わせ、シックにまとめました。

19 ベアーズポー
Bear's Paw

「ポー」は鉤爪のある動物の手足を意味し、「ベアーズポー」は熊の手足をデザインしたパターンです。このパターンは場所によって名前が変化し「友情の手」「泥沼のあひるの足」と呼ばれることもあります。

製図

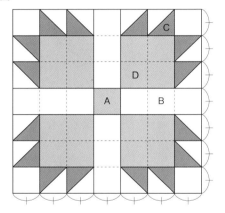

縫い合わせ図

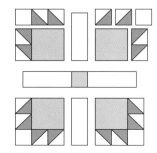

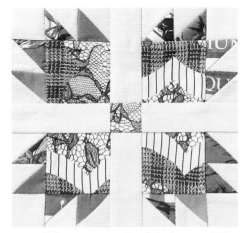

レース模様のスカーフに青の英字プリントの配色。ベースにした生成りの無地が、繊細なレース模様を引き立ててくれています。

大きい花柄をメインに淡いブルーの布を合わせたパターン。周りはあえて渋めの大島紬と絣を合わせ、落ち着いた布合わせにしました。

銘仙と水玉をメインにしたパターン。赤とピンクを基調にしたポップで可愛い色合わせも、グレーを入れることで大人っぽい印象に仕上がります。

20 フライングギース
Flying Geese

整列して連なる二等辺三角形で「飛び交うガチョウ」をデザインした
パターン。このようなアメリカらしい自然の風景を切り取ったパターン
は、シンプルで美しく、長く愛されているものが多くあります。

製図

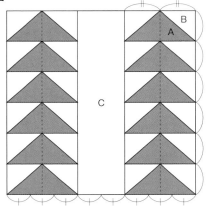

縫い合わせ図

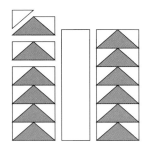

同じトーンのチェック数種をメインにしたパター
ン。英字プリントと無地感覚の黄色の小柄を組み
合わせ、ポップな印象に仕上げます。

千鳥格子に鮮やかな青無地をメインにした布合わ
せ。中心の長方形はハワイアン柄を入れて、ベー
シックな布合わせに変化をつけました。

渋めのトーンで揃えた青と黒系の組み合わせも、少量の赤が入ることで少し明るい印象に。アクセントにクリアな水色が入り、爽やかさもプラスされました。

21 おばあさんの花園
Grandmother's Flower Garden

正六角形7枚を花のように配置して縫いつないだパターン。何枚もつなげば花園のような楽しい模様が浮かび上がります。

製図

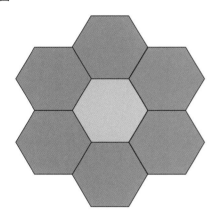

縫い合わせ図

異なる種類の布を華やかなトーンで揃えたパターン。花心の無地と1枚だけ入れたモノクロの布が、全体の引き締め役になっています。

※縫い方は18ページ「縫いどまりの縫い方」を参照。左ページは1辺2cm、右ページは1辺2.5cmの正六角形。

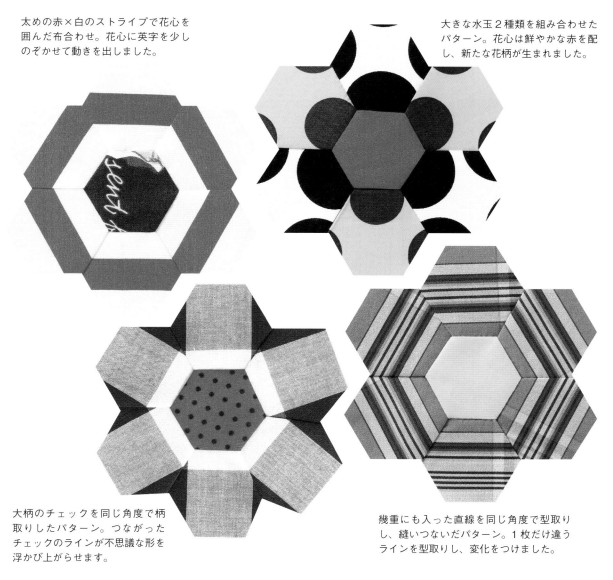

太めの赤×白のストライプで花心を
囲んだ布合わせ。花心に英字を少し
のぞかせて動きを出しました。

大きな水玉2種類を組み合わせた
パターン。花心は鮮やかな赤を配
し、新たな花柄が生まれました。

大柄のチェックを同じ角度で柄
取りしたパターン。つながった
チェックのラインが不思議な形を
浮かび上がらせます。

幾重にも入った直線を同じ角度で型取り
し、縫いつないだパターン。1枚だけ違う
ラインを型取りし、変化をつけました。

三角形・
四角形・
多角形の
パターン

22 **亀甲**
Tortoise Shell

三角形・
四角形・
多角形の
パターン

23 **ハニービー**
Honeybee

正六角形だけで亀の甲羅の模様を表現した「亀甲」、蜂の巣を表現した「ハニービー」。どちらも何枚つないでも楽しい人気のパターンです。

製図

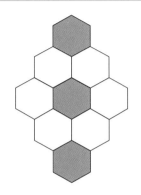

製図

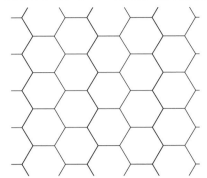

縫い合わせ図

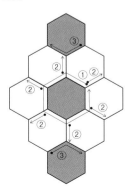

縫い合わせ図

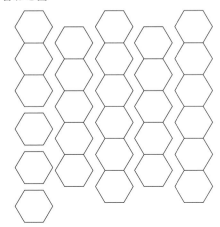

※縫い方は18ページ「縫いどまりの縫い方」を参照。すべて1辺2cmの正六角形。

いろいろな素材、柄を組み合わせたパターンのまとめ役になってくれるのは、数枚入れた無地。無地の効果で多種多様な布も不思議とまとまります。

楽しげな雰囲気が布合わせの決め手となるハニービーのパターン。柄取りをしないでカットした布を、ランダムに縫いつなぐのがポイントです。偶然によってできた柄同士のおもしろさを楽しみましょう。

24 汚れた窓
Dirty Windows

縦横ともに4分割された四角形の中に、4分の1円をピーシングしたパターン。曇った窓を連想させることからついたと思われるパターン名もユニークです。

製図

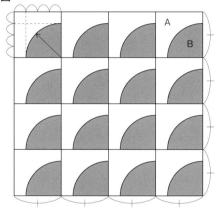

縫い合わせ図

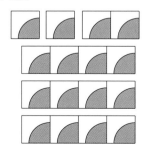

4種類の無地と動物柄をメインに、ベースにくだもの柄を合わせました。動物柄は全面で柄取りせずに、控えめに入れるのが、周りとバランスよく調和するポイントです。

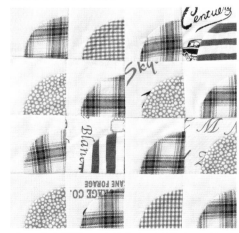

チェック2種類、ストライプ、水玉とオーソドックスな柄を組み合わせたパターン。ベースに英字プリントをバランスよく入れて、動きのある配色に。

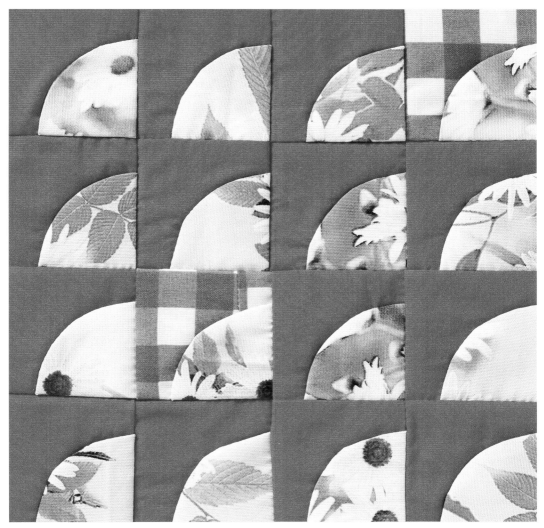

清楚な雰囲気の植物柄にビビッドなピンクを合わせました。2ピースだけチェックにして、整いすぎたリズムに変化をつけました。

25 オレンジピール
Orange Peal

むいたオレンジの皮のような形から名付けられた「オレンジピール」は、カーブの代表的なパターンです。配置の方向でさまざまな形を浮かび上がらせる奥深いパターンです。

製図

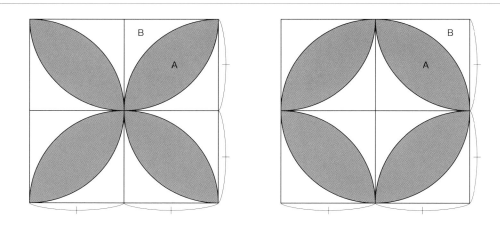

縫い合わせ図

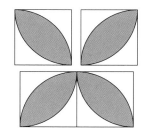

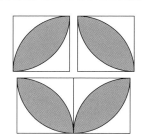

パターン名と同じオレンジ柄をメインとして、ストライプと無地2種類を合わせました。ベースの無地部分を1枚だけ英字プリントにして変化をつけました。

ピースの方向を変えると七宝柄のようなデザインになるオレンジピール。潔い青と白の組み合わせですっきりと表現しました。

12種類の布を組み合わせたオレンジピール。主張の強い柄は少なめに選び、あとは無地感覚で使用できるプレーンな柄を合わせます。

26 フェアプレイ
Fair Play

二重の円が重なった、的のようなデザインが特徴的なパターン。おもしろい名前の由来は不確かですが、アメリカの地名に由来するといわれています。

製図

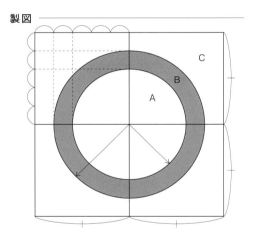

縫い合わせ図

ベーシックな花柄とストライプの布合わせ。ストライプの方向を変えて組み合わせることで、ベーシックな組み合わせにも変化が生まれます。

特徴的な唐草模様に合わせたのは生成りの無地。個性的な柄をプレーンな無地で引き立て、2種類の布だけでも奥行きのある配色に。

黄色と水色の無地の組み合わせをベースに、2枚だけ印象的な植物柄を配したパターン。無地でも織りなど質感がある布を選べば、特別な印象になります。

27 ポルカドット
Polka Dots

一般的なサイズの水玉模様を指す「ポルカドット」。4分の1円を組み合わせて描かれた水玉模様は、程よい大きさの円で、ポップで甘い雰囲気が出るパターンです。

製図

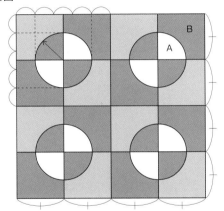

縫い合わせ図

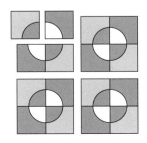

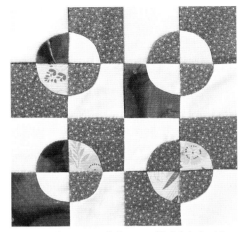

赤と白を基調とした布合わせで構成されたパターン。円の4枚のピースだけ淡色の絽を使い、強い赤と白のコントラストを和らげました。

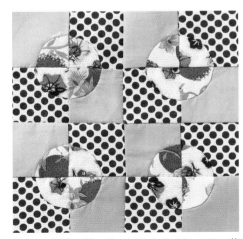

柔らかな印象の強いポルカドットのパターンに、花柄、水玉と甘い雰囲気の柄を組み合わせました。寒色系でまとめて甘さを抑え、バランスを整えます。

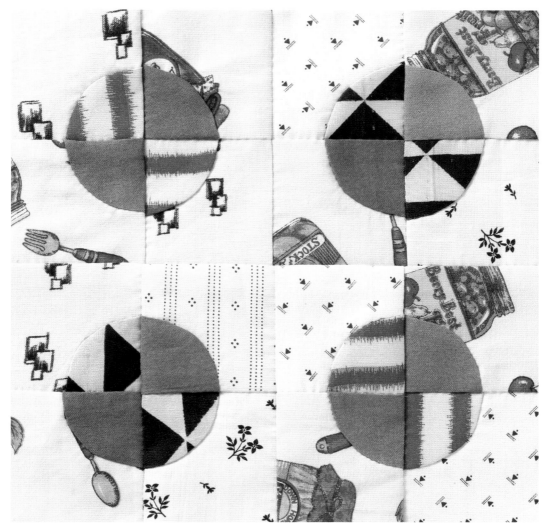

小柄、無地、幾何学、和布など賑やかに組み合わせたパターン。水玉部分だけは規則的に配色して、円の形をくっきりと出しました。

28 ダブルウエディングリング
Double Wedding Ring

花嫁のパターンといわれるダブルウエディングリング。婚約指輪に結婚指輪を重ねてつける風習をイメージしたデザインです。
ロマンティックな名前も相まり、いつの時代も人気のパターンです。

製図

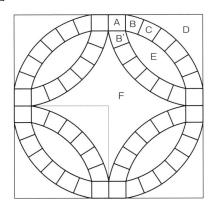

縫い合わせ図

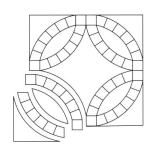

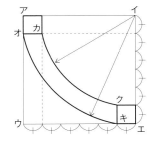

①
作りたいリングの半径の長さ
で正方形（アイウエ）を描き、
その一辺を6等分し、対角に
小さな正方形を描く。正方形
のイからコンパスで、小さな
正方形のオカとキクを通る2
本の円弧を描く。

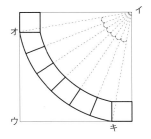

②
オ、イ、キの角度を15ページ
の「角度の等分の仕方」を参
照して6等分する。イと結び、
リングの各ピースを作る。

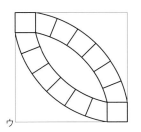

③
ウを中心に円弧を描き、反対
側の各ピースも描く。

細かなピースはマニッシュな雰囲気の布を集め、ベースには市松模様と変わり水玉を合わせました。ところどころに入れた無地が全体をまとめてくれています。
24 × 24cm

このパターンらしい、華やかで女性らしい布柄合わせ。ベースを淡いピンクの無地にして全体をまとめました。ほんの少しだけ入れた黒が、引き締め役になっています。
24 × 24cm

29 ヨット
Yacht

水面に浮かぶヨットをデザインしたパターン。ヨットのようなわかりやすい具象パターンは、おくるみやベビーキルトなどで使いやすいパターンとしても人気です。

製図

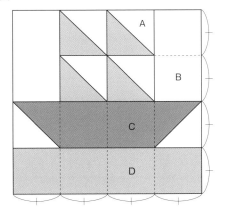

縫い合わせ図

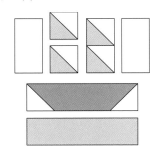

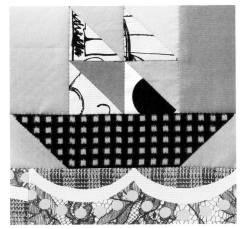

青い空を背景にして波に揺られるヨットをイメージした布合わせ。ヨットは銘仙、水面はレース模様のスカーフのスカラップ柄の部分を使いました。

ヨットはちりめん、帆は絽、背景は芭蕉布と渋みの効いた布合わせ。水面はあえてトーンの違うクリアなプリント柄を配し、清潔感を出しました。

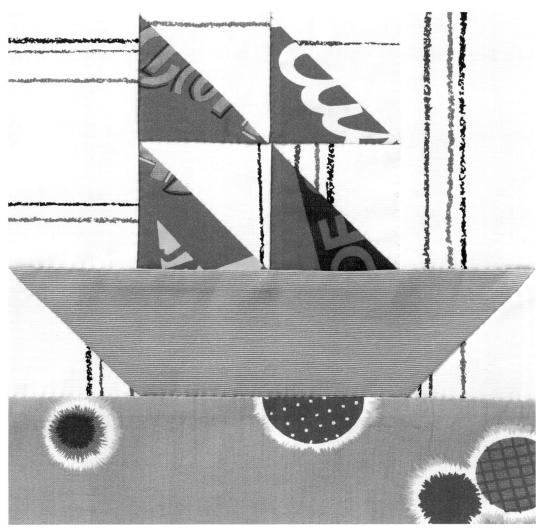

このヨットのデザインの可愛さが引き出されるような、明るい布合わせにしたパターン。赤、白、水色と爽やかな組み合わせに、きれいなライムグリーンを合わせました。

30 ハート

Heart

大きなピースの分割で、象徴的なハートマークを描いたパターン。左右対称のシンプルなラインで表現される形は美しく、1枚だけでも印象的なデザインです。

製図

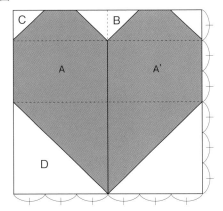

縫い合わせ図

マニッシュな英字プリントに光沢のある布を合わせました。ハートはどうしても甘い布合わせになりがちですが、このような布合わせでもしっくりとまとまるパターンです。

ハートのデザインを十分に生かした、赤を基調とした布合わせ。ストライプは柄取りする方向を変え、遊び心をプラスしています。

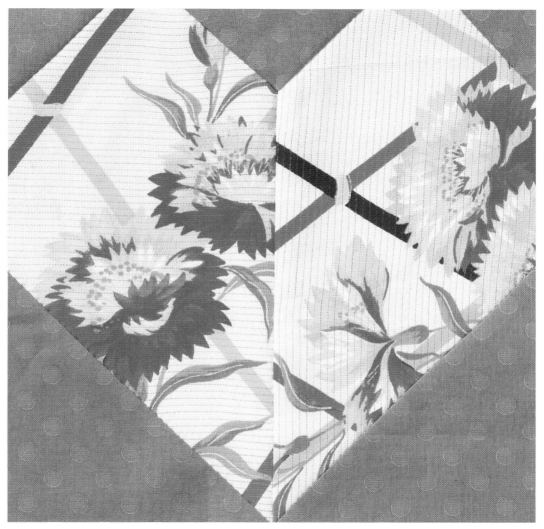

スイートな印象のハートのパターンを、イメージのままに花柄と水玉の組み合わせで表現しました。絽の繊細な質感と個性的な色の水玉のバランスが絶妙です。

31 ファン
Fan

扇子を意味する「ファン」のパターンは、分割の違いやカーブ部分の形が異なるものなど何種類もあります。鋭角のピースが、扇子がきれいに開いた様子を表現しています。

製図

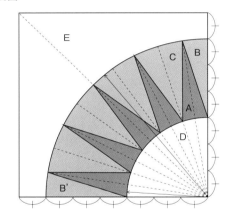

縫い合わせ図

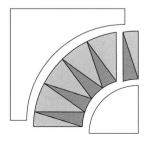

水玉にストライプと、ベーシックな柄の組み合わせにラフなスケッチ柄を合わせ、緩急をつけました。ベージュをメインにした色合わせに鮮やかな青が入り、凛とした印象になりました。

個性的な柄同士をメインにした布合わせ。鋭角のピースは茶色とモノトーンでまとめ、柄の情報が多くなりすぎないようにしました。

小さい水玉をベースに、デザインの違う水玉、水玉の派生のような柄などを集合させました。カラフルなタイル柄をアクセントに、無地が入ることで全体がまとまりました。

32 チューリップ
Tulip

花などの植物をかたどったパターンはたくさんあり、中でもこれは素朴なデザインが人気のパターンです。左右対称の無駄のない形が、布合わせの楽しさを引き出してくれます。

製図

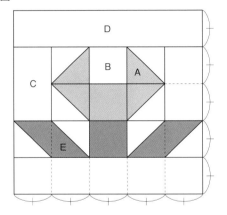

縫い合わせ図

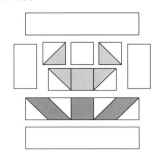

花の部分は赤のチェックを配し、上に空の柄を合わせました。ユニークな柄同士の組み合わせですが、シンプルな形なので、不思議とまとまります。

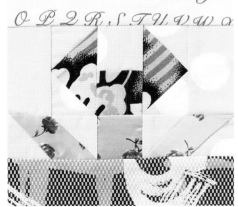

淡い色合わせでまとめたチューリップ。背景の上に英字プリントを入れたことで動きが出て、地面に配したシックな布が全体のまとめ役になりました。

賑やかな柄同士を集めたチューリップ。無地やストライプなどの王道の布を適量入れることで、けんかせずにすっき
りと仕上がります。

33 バスケット
Basket

人気のバスケットパターン。持ち手部分のカーブはアップリケで、下
のカゴの部分は三角形のピーシングで構成されています。

製図

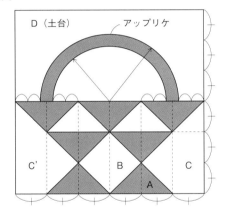

縫い合わせ図

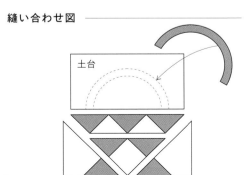

エレガントな花柄にモダンなチェックを合わせた
パターン。グレーの無地を入れ、洗練された印象
に仕上げました。

水玉と白のワッフル地の2種類だけの布合わせで
仕上げたバスケット。バスケット部分を無地にする
ことで形がくっきりと際立ちます。

バスケット部分は茶色と白の無地で。背景に大きなフルーツ柄を合わせて、フルーツバスケットにしました。大柄を自在に楽しんだ一枚です。

34 ハウス
House

具象パターンの中でも定番の人気を誇るハウスのパターン。分割やデザインの違いで、たくさんのハウスパターンがあります。

製図

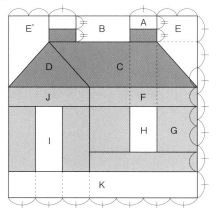

縫い合わせ図

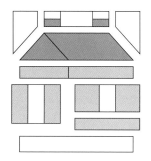

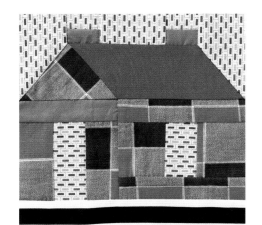

暖かな赤を基調とした布合わせが可愛いハウス。扉、窓、背景はカラフルな小柄で統一し、地面には幅広のストライプを配しました。

青い壁に個性的な柄の屋根を組み合わせたパターン。扉と窓と背景を無地にしてバランスを整えました。

主張の強い柄を集合させたハウス。壁の太いストライプをランダムに配置させたことで、動きを出しました。屋根の英字プリントがアクセントになっています。

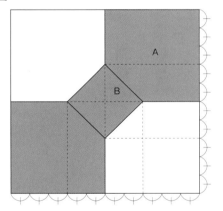

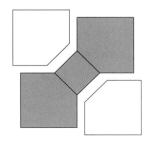

具象の
パターン

35 ボウタイ
Bow Tie

シンプルなラインで構成されたボウタイは人気のパターンです。1枚だけでも、何枚かつなげてもいい、すっきりとした定番のデザインです。

製図

縫い合わせ図

不思議な幾何学柄と英字プリントのボウタイのパターン。背景にはコントラストのきれいなライムグリーンを配し、ボウタイの形を際立たせました。

淡い紫をメインに、花柄の花心部分を結び目にしたボウタイ。織りの質感が美しい無地は、立派な主役にもなれます。

モノクロの花柄、ビビッドな人物柄にフルーツ柄を合わせたボウタイ。花柄は中心で柄取りせずに控えめに配置することで、赤いボウタイを引き立てます。

36 もみの木
Fir

クリスマスのパターンとしても重宝される、もみの木のパターン。四角
い窓から覗く左右対称のもみの木は可愛くもなり、渋くもなる万能パ
ターンです。

製図

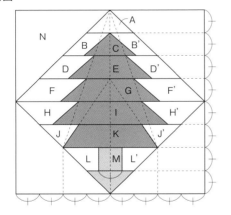

縫い合わせ図

個性的な柄を組み合わせたパターン。背景を渋め
の茶色にしたことで、もみの木の形がくっきりと
浮かび、全体の調和が取れました。

凍てつく空気の中、雪が積もったようなもみの木
を表現した布合わせ。水玉、英字プリントをバラ
ンスよく配し、少しポップな印象に。

青々としたもみの木をポップな布合わせで表現しました。周りは可愛い植物柄を合わせ、もみの木のそばにもう1本、木があるのも楽しい遊び心です。

用語集

本書に出てくるパッチワークの基本用語、裁縫の基礎知識を解説します

・アップリケ
土台となる布に別の布を縫いつけること。

・奥たてまつり
アップリケなどをするときの縫いつけ方のひとつ。縫い目が表に出ない縫い方。

・片倒し
縫い合わせた2枚の布の縫い代を、どちらか一方に倒すこと。

・外表
2枚の布の裏側同士を合わせること。

・玉どめ
縫い終わりで糸が抜けないように糸端に作る結び目。針先に2〜3回糸を巻きつけて針を引き抜き、糸端を少し残して切る。

・玉結び
糸が抜けないように縫い始めに糸端に作る結び目。いくつかの方法があるが、右の図では針に糸を2〜3回巻きつけて針を引き抜く方法を解説。

・土台布
モチーフを縫いつけてアップリケなどをするときの、土台となる布のこと。

・中表
2枚の布の表側同士を合わせること。

・パターン
パッチワークをするときのデザインのこと。18〜19世紀のアメリカで生まれた多くのパターンは「トラディショナルパターン」と呼ばれている。

・パッチワーク
さまざまな色柄、サイズの布をはぎ合わせてデザインを作り出すこと。「パッチ」には継ぎはぎ、寄せ集めという意味がある。アメリカンパッチワークは、18〜19世紀にヨーロッパからアメリカ大陸に移住した人たちが、自分たちの衣類の残り布を有効活用するためにパッチワークを楽しみ発展した。

・ピーシング
ピース同士を縫い合わせること。

・ピース
型紙を裁った最小単位のこと。

玉どめ

1	2	3
縫い終わりに針を合わせ、糸を2〜3回巻きつける。	糸を引き、縫い終わりのきわで固定する。	糸がからまないよう親指でしっかりと押さえながら、針を引き抜く。

玉結び

1	2	3
針に糸を通し、糸端を人さし指に置き、上から針で押さえる。	糸端は押さえたまま、針先に2〜3回糸を巻く。	巻いた糸を押さえたまま、糸を引き抜く。

おまけ
ピンクッションの作り方

表紙に掲載されている
パターンを使用した
ピンクッションの作り方を紹介します。

「レモンスター」
前(1枚)

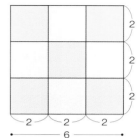

1.8
2.4
1.8
6
1.8　2.4　1.8
6

「ナインパッチ」
前(1枚)

2
2
2
6
2　2　2
6

材料 (1点分)
・ピーシング用端切れ各種
・後ろ用布 15 × 15 cm
・手芸綿適量

「ログキャビン」
前(1枚)

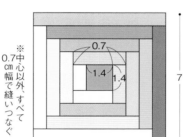

※中心以外、すべて0.7cm幅で縫いつなぐ

0.7
1.4　1.4
7
7

「ハウス」
前(1枚)

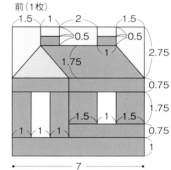

1.5　1　2　1.5
0.5　0.5
1
2.75
1.75
0.75
1.75
1.5　1　1.5
0.75
1　1　1
1
7

共通
後ろ (2枚)

4返し口
3(3.5)
6(7)

※数字は6cm角のサイズ
( )内は7cm角のサイズ
※周りに1cmの縫い代をつける

※すべてのパターンの周りに1cmの縫い代をつける

仕立て方(共通)

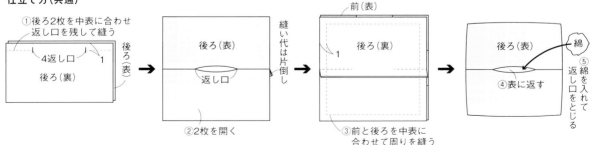

①後ろ2枚を中表に合わせ
返し口を残して縫う
4返し口　1
後ろ(裏)　後ろ(表)

後ろ(表)
返し口
②2枚を開く
縫い代は片倒し

前(表)
後ろ(裏)
1
③前と後ろを中表に
合わせて周りを縫う

後ろ(表)
④表に返す
綿
⑤綿を入れて返し口をとじる

岡野栄子

東京都在住。キルト工房「バスケット」主宰。
カラフルでポップなタッチの作風を得意とし、その作品を
「おもしろキルト」として発表し続けている。2002年〜
2020年「東京国際キルトフェスティバル」出展。
著書に「岡野栄子のキルトエッセイ」(日本ヴォーグ社)、
「岡野栄子のおいしいキルト」(日貿出版社)ほかがある。

布合わせが楽しくなる
パッチワークの基礎

2021年10月10日　第1刷発行

著　者　岡野栄子
発行者　吉田芳史
印刷所　株式会社文化カラー印刷
製本所　大口製本印刷株式会社
発行所　株式会社 日本文芸社
〒135-0001　東京都江東区毛利2-10-18 OCM ビル
TEL 03-5638-1660(代表)
Printed in Japan　112210929-112210929 Ⓝ01　(200030)
ISBN978-4-537-21928-9
URL https://www.nihonbungeisha.co.jp/
©Eiko Okano　2021
編集担当　吉村

作品制作　岡野栄子
ブックデザイン　橘川幹子
撮影　天野憲仁(日本文芸社)
作図　ATELIER MARIRI.
編集　菊地 杏子

参考文献
『パッチワークパターン集1030』
(パッチワーク通信社、2008年)
『アメリカン・パッチワークキルト事典』
小林恵(文化出版局、1983年)

撮影協力
AWABEES
〒151-0051
東京都渋谷区千駄ヶ谷3-50-11明星ビルディング 5F
03-5786-1600